LA

BOMBE ROYALISTE.

CET OUVRAGE SE TROUVE AUSSI AU DÉPÔT DE MA LIBRAIRIE, Palais-Royal, galeries de bois, nos 265 et 266.

On trouve chez le même Libraire :

Affaire de Grenoble, n° I. — MÉMOIRE pour le vicomte Donnadieu, lieutenant-général des armées du Roi, commandeur de l'Ordre royal et militaire de Saint-Louis, grand-officier de l'Ordre royal de la Légion-d'Honneur; sur la plainte en calomnie par lui portée contre les sieurs Rey, Cazenave et Regnier, auteurs et signataires d'une pétition pour quelques habitans de Grenoble, par M. Berryer fils, avocat à la Cour royale; suivi de Pièces justificatives; in-8°, 5 fr.
Franc de port, 3 fr. 50 cent.

N° II. — LETTRE à M. le comte de Saint-Aulaire, par M. Berryer fils, avocat; in-8°, 1 fr. *Franc de port*, 1 fr. 15 cent.

LES TRENTE PREMIÈRES ANNÉES DE LA VIE D'*HENRI V* le Bien-Aimé, roi de France et de Navarre, ci-devant duc de Bordeaux; récit fait en 1857, par un octogénaire né en 1776, contenant un aperçu des règnes de Louis XVI, Louis XVIII, Charles X, Louis XIX, et le commencement de celui d'Henri V, avec cette épigraphe : *Vidi*. In-8°, orné d'un très-joli portrait lithographié du duc de Bordeaux, à l'âge de 37 ans, 2 fr. 50 cent.
Franc de port, 2 fr. 75 cent.

LES GRANDS DÉFENSEURS des libertés publiques, peints sous leurs véritables traits, ou Notices historiques de quelques orateurs libéraux, pour joindre à leurs portraits lithographiés; par M***. In-8°, 2 fr.
Franc de port, 2 fr. 50 cent.

Projet de la Proposition d'accusation contre M. le duc Decazes, pair de France, ancien président du conseil des ministres, ancien ministre de l'intérieur et de la police générale du royaume, à soumettre à la Chambre de 1820; par M. Clausel de Coussergues, membre de la Chambre des députés, conseiller à la Cour de cassation, chevalier de l'ordre royal et militaire de Saint-Louis, officier de l'ordre royal de la Légion-d'Honneur; augmentée d'une réponse à l'écrit de M. le comte d'Argout, pair de France, sur ce Projet d'accusation. Troisième édition. Prix : 4 fr. 50 c., et 5 fr. 30 c. par la poste.

On a imprimé séparément la *Réponse à M. le comte d'Argout*, pour les personnes qui ont la 1re ou la 2e édition. Prix : 50 cent., et 75 cent. par la poste.

LETTRE de M. Vincent, à M. le comte de Saint-Aulaire; in-8°, 1 fr. 50 cent. *Franc de port*, 1 fr. 75 cent.

LA

BOMBE ROYALISTE,

LANCÉE

PAR A. MARTAINVILLE,

FONDATEUR DU DRAPEAU BLANC.

PARIS,

J. G. DENTU, IMPRIMEUR-LIBRAIRE,
rue des Petits-Augustins, n° 5 (ancien hôtel de Persan).

OCTOBRE 1820.

Je déclare que je poursuivrai devant les tribunaux tous débitans d'exemplaires du présent Ouvrage qui ne seraient pas revêtus de ma griffe.

Paris, 24 octobre 1820.

AVERTISSEMENT.

Il eût été facile et peut-être nécessaire de donner plus de développement aux vérités qui sont rapidement exprimées dans cette brochure. J'espérais qu'un illustre écrivain vers lequel se dirigent, dans toutes les circonstances importantes, l'espoir et la reconnaissance des royalistes, se chargerait de ce soin, et prêterait à la vérité, à la raison, à la justice, cette force d'éloquence, cette puissance de conviction, ce charme persuasif et entraînant qui font que ses moindres écrits sont attendus avec impatience et reçus comme des bienfaits. Il lui appartenait de rendre ce nouveau service à la cause qui voit en lui un de ses plus glorieux défenseurs. Il a fait le sacrifice de l'ouvrage qu'il allait mettre au jour, à des considérations dont je me félicite d'être affranchi. C'est sur moi qu'est retombée la tâche de signaler aux royalistes les piéges que lui tend un ministère ennemi. Puissé-je, par la manière dont je m'en suis acquitté, ne pas trop augmenter des regrets que je partage!

J'aurais pu rendre cet ouvrage moins indigne de l'objet qu'il se propose et de la France royaliste, à laquelle il s'adresse, si je n'avais été pressé par le temps et surpris au milieu d'un travail journalier dont je ne puis me dispenser, par l'ordonnance qui fixe les élections à une époque très-prochaine. J'ai mieux aimé arriver un peu en désordre, que d'arriver trop tard. Ce n'est point d'ailleurs ici un ouvrage d'amour propre. Les royalistes, qui m'ont dès long-temps accoutumé à leur indulgence, voudront bien excuser, en faveur du sentiment qui m'anime et du devoir que je remplis, quelques défauts de liaison, quelques incorrections de style dans un ouvrage écrit avec une précipitation sans laquelle il fût devenu intempestif et inutile.

Il importait que *la Bombe royaliste* tombât au milieu des électeurs, à la porte même des colléges électoraux.

LA BOMBE

ROYALISTE.

Royalistes, on vous trompe encore, on a toujours voulu vous tromper; on vous hait, on vous redoute autant que jamais : ces sentimens d'aversion et de crainte, pour être un peu mieux déguisés, n'en sont pas moins réels, et leur effet n'en peut être que plus dangereux. La confiance, ce noble défaut des cœurs droits et généreux, causerait encore votre perte, et vous livrerait sans défense à un ennemi qui, après avoir endormi votre vigilance, rirait de votre crédulité.

Cet ennemi, c'est le ministère!

Oui, le ministère vous trompe *sciemment et avec préméditation* (1).

En vain quelques hommes d'un esprit faible, étroit et timide, et d'autres dont le cœur est corrompu par l'habitude d'une vénale servilité, vous diront-ils qu'on doit se rallier aveuglément et sans conditions à un ministère qui, placé dans des circonstances difficiles, a fait tout le bien qu'il a pu, a ménagé les royalistes sans irriter leurs ennemis, et veut, par la modération et la prudence, nous mener lentement à un meilleur état de choses. Chez

(1) Je dois avertir, une fois pour toutes, le lecteur, que dans le terme général de *ministère*, et dans l'opinion que j'exprime sur les hommes qui le composent, j'excepte ce brave et généreux guerrier qui aurait réalisé toutes les espérances que la France royaliste avait conçues de sa loyauté, de ses talens et de sa justice, s'il avait eu la force de rompre les entraves qui gênent, qui arrêtent tous ses bons mouvemens ; s'il s'était délivré de cet entourage perfide qui l'empêche souvent de faire le bien, et quelquefois, à son insu, lui fait commettre le mal.

les uns, c'est une erreur qu'il faut détruire; chez les autres, un mensonge qu'il faut démasquer.

Parmi tous ces lieux communs de politique *ventrue*, il en est un surtout dont il importe de prouver la fausseté, parce qu'il est devenu l'argument ordinaire en faveur de toutes les concessions, et l'excuse banale de toutes les fautes. On ne cesse de répéter : *Le ministère est placé dans une position difficile*. De quelle position parle-t-on ? Est-ce de la position vraie et naturelle que lui assigne son devoir, ou de la position fausse, absurde, dangereuse qu'il s'est faite, et qu'il s'obstine à conserver? Si l'on prétend désigner cette dernière position, pouvons-nous excuser, plaindre et servir des ministres qui s'y sont placés volontairement et malgré les avis, les prières, les instances de tous les hommes probes et éclairés; qui n'ont répondu aux conseils que par le mépris, aux prières que par l'humeur, aux instances que par le dépit? Si l'on veut parler de la position qu'indique la nature même des choses, nous dirons et nous prouverons que jamais ministres n'ont été dans une situation plus favorable, plus claire, plus facile. Ils n'étaient pas même exposés au danger presque inévitable dans les postes élevés, de commettre d'abord des erreurs. Le 20 mars avait assuré à tous les ministres de Louis XVIII l'avantage trop chèrement payé pour qu'on dût le négliger, de ne pouvoir plus se tromper ni sur les choses ni sur les hommes. Le courage et la faiblesse, la foi et le parjure, l'amour et la haine, la trahison et la fidélité s'étaient déclarés si publiquement, qu'il n'était plus permis de les confondre. Le 20 mars avait produit l'effet que les siècles attendent du jugement suprême; les bons et les méchans avaient été manifestement séparés. Au lieu de reporter leurs regards à cette époque d'épreuves irrécusables, les ministres ont mieux aimé les arrêter autour d'eux sur ce mélange incohérent d'élémens hétérogènes, sur ce cahos moral et politique, résultat monstrueux de quatre années de fautes, de folies et de crimes.

Leurs débiles paupières ont craint le grand jour de la vérité, qui leur aurait fait voir la route droite et sûre du salut; ils se sont traînés à tâtons dans des sentiers tortueux, qui ne peuvent les mener qu'à l'abîme qu'ils redoutent, mais dont ils ne savent pas, dont ils ne veulent pas s'éloigner par un élan vigoureux.

Le ministère n'est donc environné que des difficultés qu'il s'est créées lui-même : il se plaint des obstacles au-devant desquels il a marché sans avoir ni la résolution ni la force de les surmonter, et qu'il n'eût pas rencontrés sur un autre chemin.

Il ne faut pas chercher bien loin la cause de cette marche vacillante, de cette conduite équivoque. Le ministère est toujours sous l'influence de ce personnage qui semble ne figurer encore sur le théâtre politique que pour montrer comment le même homme peut cumuler sur sa tête l'infamie et les honneurs, l'exécration et les récompenses.

Il avait si bien façonné ses prétendus collègues à l'obéissance servile, il les avait tellement disciplinés au rôle d'exécuteurs de ses volontés, que ceux-même qui se sont réjouis tout bas de voir s'éloigner le collègue dont ils n'étaient que les commis destituables, au gré de son caprice, n'ont eu ni l'énergie ni sans doute la volonté d'abjurer son système, de s'écarter de ses erremens. Le ministère tourne encore dans la direction que lui a imprimée le dernier coup de fouet de la main toute puissante : c'est ainsi que le mouvement dure encore long-temps après que la force impulsive a cessé d'agir.

Plusieurs de ces ministres, qui avaient d'ailleurs assez de conscience pour s'avouer à eux-mêmes qu'ils étaient les complices de toutes les iniquités et de tous les actes funestes du ministre-directeur, manquaient de l'habileté nécessaire pour s'en faire absoudre aux dépens du grand coupable.

Des hommes, je ne dis pas honnêtes, mais adroits, n'auraient pas manqué de rejeter l'odieux fardeau de la responsabilité du passé sur l'homme de malheur qui se retirait, poursuivi par les malédictions publiques, et dont l'acte d'accusation était tracé avec le sang d'une royale victime.

Une pareille démarche, faite à propos et avec éclat, eût pu en imposer à une grande partie de la France et de l'Europe ; et les personnes même trop avisées pour admettre une telle justification, auraient fait semblant d'y ajouter foi, et se seraient prêtées silencieusement à l'illusion générale. Mais pour donner quelque vraisemblance à cette espèce d'abjuration, il fallait qu'elle fût immédiatement suivie d'actes publics, de mesures *décisives* qui annonçassent la détermination bien prononcée de fuir la route où n'avait pas pu se soutenir celui même qui semblait l'avoir tracée, et de marcher désormais dans les voies monarchiques. Cette apparence de franchise, cette démonstration de vigueur, ces *semblans de probité* étaient au-dessus des idées des hommes qui composaient les débris de ce ministère, où il ne manquait pourtant qu'un seul ministre. Celui que l'on aperçut d'abord derrière le ministre qui tombait, donnait seul la mesure de ceux qui demeuraient imperceptibles. C'était cet homme bon à tout et propre à rien, qu'on a si plaisamment surnommé *l'Excellence à toute selle;* cet homme, que Buonaparte se repentit d'avoir promu à une place de vigilance où il a laissé une si large trace de ridicule, que le concierge de la Force ne peut plus penser à lui sans éclater de rire.

Il est impossible de supposer qu'il soit demeuré étranger aux choix faits pour remplir le vide que causait la retraite d'un seul ministre. Quand le grand Turenne fut enlevé à la France, il se fit une promotion de douze maréchaux, qu'on appela *la monnaie de M. de Turenne.* Et nous aussi nous eûmes la monnaie de l'homme dont le nom se présente toujours sous ma plume, et que ma plume repousse toujours.

Un président des ministres, un ministre et un *directeur,* ministre sous un autre nom, parurent à peine suffisans pour combler le déficit qu'éprouvait le conseil. *Tantœ molis erat....*

A quel coin était frappée cette nouvelle *monnaie?* Presque toute à l'effigie de Buonaparte et de la révolution. On ne put trouver en France personne plus digne et plus capable de réparer les maux d'une administration qu'avait dirigée une influence anti-bourbonienne, qu'un secrétaire intime de Napoléon Buonaparte, qu'un ministre de Jérôme Buonaparte, vétéran de la révolution, rajeuni par la vice-présidence du tripot des cents jours. On parut vouloir consacrer par une mesure éclatante, cette nouvelle maxime du droit social en

France, que c'est à l'école de la révolution ou du despotisme qu'il faut avoir appris à servir la légitimité. Pour dissimuler un peu ce qu'avait d'étrange une pareille composition ministérielle dans de telles circonstances, on rappela à la présidence du conseil un homme chargé d'un grand nom, qui, dans des contrées lointaines, s'était maintenu long-temps au niveau des fonctions d'une haute édilité, mais qui, placé à la tête des affaires d'un grand royaume, venait de prouver que sa capacité avait été mieux appréciée en Russie qu'en France.

Que pouvait-on attendre d'un pareil ministère? Ce qu'il a fait. Ceux qui se sont trompés sur ses intentions et ses actes, sont bien accessibles à l'erreur.

C'est pourtant sur cette crédulité que le nouveau ministère a compté d'abord pour se former un point d'appui. Il n'ignorait pas que l'homme qui aurait volontiers consenti à payer des derniers lambeaux de la monarchie la prolongation de sa puissance, avait, en désespoir de cause, et la veille de sa retraite, qu'il espérait ainsi retarder, conclu un traité avec les meneurs du côté sinistre de la Chambre. Une des clauses de cette alliance offensive et défensive, était que ces fougueux amis de la liberté lui accorderaient les lois d'exception dont sans doute il s'était engagé à leur laisser diriger l'emploi; et ces fiers indépendans, qui s'accommodent fort bien de la tyrannie et de l'arbitraire, quand ils l'exploitent, avaient consenti à vendre les droits précieux dont ils se proclament les ardens défenseurs. Hélas! nous savons dès longtemps que ces amans de la liberté n'aspirent qu'à l'occasion de trafiquer de leur maîtresse.

Cependant, le signataire de cette abominable alliance se vit contraint à reculer devant la tombe qui fut scellée le même jour que ses lettres de duc. Il quitta le ministère, et le traité fut rompu.

Le ministère n'osa pas le renouer, je

veux même croire qu'il n'y songea point; mais il s'empressa de recueillir le honteux héritage d'arbitraire qui devait déjà faire rejaillir sur lui une portion de l'ignominie de l'homme qui l'avait amassé. Il pressa de tous ses efforts l'adoption des lois suspensives de la liberté individuelle et de la liberté de la presse, lois d'autant plus odieuses, qu'elles étaient inutiles, et qu'en les proposant, le ministère décélait sa faiblesse au moment où il fallait qu'il montrât de la vigueur, afin d'inspirer la confiance; il suffit souvent de faire mine d'être fort, pour acquérir une force réelle.

Bien sûr d'être repoussé par le côté gauche, après avoir piteusement compté le centre, qu'on peut comparer à ce signe arithmétique qui seul n'a aucune valeur, le ministère fut obligé de se tourner vers le côté droit, vers ces royalistes que depuis trois ans on abreuvait de dégoûts et d'outrages, qu'on représentait comme des hommes dangereux, à l'alliance desquels on devait préférer celle même des jacobins. Il fit, en termes obscurs, embarrassés, et toujours susceptibles d'interprétations et de désaveu, une demi-confession des torts passés, et des promesses pour l'avenir. Il parla des périls de la monarchie; et ceux que n'auraient ébranlés ni ses aveux équivoques, ni ses promesses fallacieuses, ne surent point résister aux demandes qu'on leur adressait au nom du Roi menacé; car c'est là le grand moyen des ministres, qui savent trop bien que les royalistes sacrifient tout à une pareille considération. Aussi serait-on tenté de croire qu'ils mettent exprès le trône en danger, pour se donner le droit de parler des dangers du trône. Cette tactique, qui n'est point encore usée, quoiqu'on en ait tant abusé, prive les députés franchement royalistes des ressources que semble leur offrir la nature même du gouvernement représentatif, et les pousse sur un terrain où il leur est fort difficile, pour ne pas dire impossible, de prendre une attitude décidée. Les scrupules de leur conscience combattent les conseils de leur raison. La prudence leur dit *refuse*, le sentiment leur crie *accorde;* et le ministère, connaissant par expérience la force de l'adjuration magique au moyen de laquelle il surmonte toujours leur résistance, s'inquiète peu d'une opposition que quelques paroles font tomber. Les royalistes cessent de comprendre le gouvernement constitutionnel, quand il faut combattre une volonté qu'on leur annonce comme la volonté de leur Roi. Le Monarque est pour eux un objet de culte qu'ils ne pourront jamais réduire à une abstraction politique. Ils obéissent parce qu'ils aiment, et c'est ainsi qu'ils supportent les inconvéniens du gouvernement représentatif, sans en recueillir les avantages. Sous ce rapport, leur éducation constitutionnelle sera longue encore.

Telle est la cause des fautes nombreuses commises par le côté droit dans le cours de la dernière session, fautes nobles et généreuses dans leur principe, mais bien déplorables dans leurs conséquences. La plus grave fut sans doute celle qui lui fit perdre tout le fruit de la ruine d'un ministre ennemi, et qui permit à ses successeurs *d'exploiter*, au profit de leur ambition et de leur puissance, le sang d'un Bourbon.

Un peu d'attention aurait suffi au côté droit pour apercevoir, à travers les ambiguités des ministres, qu'ils n'avaient pas d'autre but que de s'assurer un pouvoir exorbitant, et que la nécessité, et non la conviction, les ramenait à lui. Un d'entr'eux, serré de près par un orateur du côté gauche, qui reprochait au ministère l'inconséquence de sa marche vers un point où il affectait naguère de ne voir que des ennemis, laissa échapper cet aveu, d'après lequel il était facile de deviner toute la pensée des ministres : *C'est la peur de périr qui nous a rapprochés des hommes de 1815.*

Une pareille déclaration était bien faite sans doute pour réveiller la méfiance du côté droit, et l'avertir au moins que la prévoyance devait régler les conditions du traité avec des hommes qui confessaient eux-mêmes que *la crainte de périr* les amenait seuls à une négociation.

Ceux qui, par un commun assentiment, témoignage d'estime pour leur personne et de confiance dans leurs lumières, étaient chargés, et par conséquent responsables de la direction de cette honorable partie de la Chambre, ne stipulèrent pas la moindre garantie pour l'avenir, avec un ministère qui, à son grand déplaisir, n'était pas en position de leur refuser des gages. Ils lui donnèrent tout pour rien. La force des choses avait conduit le ministère à ne pouvoir se passer des royalistes; les royalistes s'empressèrent de lui fournir les moyens de se passer d'eux, et il en a profité avec toute la reconnaissance qu'on devait attendre de sa loyauté.

Me dira-t-on qu'en résultat ce ministère n'a pas fait de mal aux royalistes : je pourrais facilement citer plusieurs exemples de nouvelles injustices ; et d'ailleurs, si les ministres actuels n'ont pas fait directement beaucoup de mal aux royalistes, c'est que leur prédécesseur avait eu soin de leur laisser, à cet égard, fort peu de chose à faire. Mais n'est-ce pas se déclarer les continuateurs des iniquités, que de ne pas les réparer; n'est-ce point avouer et s'approprier tout le mal qui a été fait que de n'y point apporter remède quand on en a le pouvoir ?

J'ai encore entendu des hommes, d'un caractère indolent et d'un esprit superficiel, essayer de justifier ensemble le ministère et le côté droit, en alléguant que celui-ci n'avait fait des concessions que sous l'engagement positif qu'une loi d'élections en harmonie avec un gouvernement monarchique, serait substituée à celle du 5 février, que le ministère a tenu parole, et qu'il a donné cette loi.

Il l'a donnée! dites donc qu'il l'a montrée; et jamais on ne rencontra une application plus juste de l'axiome *donner et retenir ne vaut.* Quoique la loi d'élections, élaborée dans les conseils du Roi, et proposée par ses ministres à la Chambre des députés, fût loin de satisfaire aux vœux des royalistes et aux besoins de la monarchie, elle consacrait du moins un grand principe d'ordre et de conservation, les deux degrés. Aussi, observez avec quelle facilité, avec quel empressement les ministres en ont fait le sacrifice à un amendement conçu à l'improviste au milieu d'une discussion orageuse. Quoique cet amendement détruisît l'essence de la loi proposée, ou peut-être précisément parce qu'il la détruisait, ils se hâtèrent de l'adopter et de l'ériger subitement en loi organique de la Constitution. Il est évident, pour tous les hommes qui ne ferment pas volontairement les yeux, que la promesse du ministère n'était qu'un piége tendu à la bonne foi des députés royalistes, ou tout au moins un tribut payé à la nécessité, promesse inquiétante, tribut onéreux dont il lui tardait de se délivrer.

Quand on voit le côté droit prêter encore dans cette occasion le secours de ses suffrages au ministère, sous le futile prétexte de la difficulté et de l'incertitude d'obtenir une majorité, comme s'il n'eût pas mieux valu contraindre les ministres à faire le bien malgré eux ou à se retirer, s'ils confessaient qu'ils n'en avaient ni la puissance ni le désir, on ne peut s'empêcher de reconnaître que la crédulité de la vertu, quand ses effets se prolongent ou se renouvellent ainsi, prend un autre caractère et mérite un autre nom.

Loin de moi l'intention de répandre l'aigreur et l'amertume sur les reproches que me paraissent mériter les fautes commises par des hommes de bien. La France royaliste les honore; mais comme elle se plaît à voir en eux ses organes et ses défenseurs, elle se plaint d'avoir cherché en vain dans leur conduite une règle et un appui.

Toutes les fois que l'opinion royaliste sera, comme pendant le cours de la dernière session, plus forte extérieurement que dans la Chambre, où doit toujours se trouver son véritable foyer, on peut en conclure que ceux qui la représentent se sont laissés entraîner hors de la route qui peut seule les mener au but qu'ils se proposent. J'ai la preuve écrite que plusieurs d'entr'eux reconnaissent et avouent avec une franchise à laquelle se mêle une sorte de honte, qu'ils ont cru trop légèrement à des assurances positives, mais bientôt démenties, aux promesses solennelles lâchement trahies de réparer de grandes et nombreuses injustices dans toutes les parties de l'ordre militaire, administratif et judiciaire.

Royalistes! tel sera toujours le prix de votre confiance, quand vous vous livrerez à des hommes qui long-temps se sont montrés vos ennemis et vos persécuteurs, qui le sont encore, qui le seront toujours. Engagés par de premières iniquités à en commettre de nouvelles, ils ne sauront ni ne voudront jamais rompre les vieux liens qui les attachent à un système d'ignominie et de perdition. Si quelquefois ils ont l'air de s'arrêter et même de rétrograder dans la route du mal, soyez sûrs qu'ils ne sont déterminés que par l'intérêt de leur propre conservation, par le désir égoïste de garder le pouvoir quelques jours, quelques semaines de plus. Ils n'ont jamais pensé, ils ne penseront jamais à revenir à vous de bonne foi; ils ne peuvent vous pardonner le mal qu'ils vous ont fait. Leur cœur sec et leur esprit rétréci les empêcheront toujours de s'élever à un aveu loyal, à une noble réparation de leurs torts; ils craignent trop qu'on ne leur dise : Cette confession vous honore et vous absout, mais nous y trouvons au moins la preuve de votre incapacité, puisque vous n'avez connu ni les devoirs des postes que vous occupiez, ni les besoins, ni les vœux du pays dont les intérêts vous étaient confiés. Faites place à des hommes plus habiles, et devenez les spectateurs du bien que vous n'avez pas su faire.

Si l'on veut acquérir la preuve évidente que c'est pour eux, pour eux seuls, et non pour la monarchie, que les ministres ont voulu être armés d'un pouvoir exorbitant, il suffit d'examiner rapidement l'usage qu'ils ont fait des trois lois qu'ils ne devaient qu'au concours des royalistes.

Cet examen prouvera la vérité de cette observation, que j'extrais d'un des articles dans lesquels je combattis les lois d'exception : « Des hommes forts n'en « ont pas besoin, des hommes faibles ne « sauront point s'en servir. »

Un des plus grands sacrifices que dans des périls imminens les citoyens puissent faire au salut de l'Etat, c'est sans contredit celui de leur liberté individuelle. Aussi ont-ils le droit d'imputer à crime à ceux qui gouvernent, la demande d'un tel sacrifice, quand elle n'est pas justifiée par l'instance du danger et par l'impossibilité de le conjurer autrement.

Des citoyens qui consentent à se priver du droit de n'être jugés et punis que par la loi, de ce droit sans lequel l'état de l'homme sauvage errant librement dans les forêts, serait préférable à l'état de l'homme en société ; des citoyens qui consentent à investir trois ministres du pouvoir terrible de les plonger arbitrairement dans les cachots, de les y retenir longtemps sur un simple soupçon, et de leur refuser des juges ; ces citoyens seraient les plus insensés ou les plus méprisables des hommes, s'ils n'exigeaient pas que la nécessité d'un pareil sacrifice leur fût démontrée ; et elle ne peut l'être plus évidemment que par l'emploi que les ministres auront fait d'un pouvoir si formidable.

Ce sont précisément les ministres eux-mêmes qui ont pris soin de nous apprendre et de nous prouver que la loi suspensive de la liberté individuelle était inutile, et qu'ils ne l'avaient sollicitée que comme une mesure de précaution surabondante. Les gens sans habileté, étrangers aux idées justes, simples et fortes, multiplient les moyens inutiles, et dès-lors pernicieux. En bonne politique, tout ce qui ne sert pas nuit. Les gens sans courage ne se croient jamais assez chargés d'armes dont ils ne savent pas se servir : c'est pour eux un fardeau et non une défense.

Lorsque des hommes que les plus nobles et les plus touchantes infortunes trouvent sans pitié, affichèrent pour des malheurs qui n'existaient pas, une commisération de parade dont le seul objet était de nourrir la haine dans les cœurs et la fermentation dans les esprits; lorsqu'ils annoncèrent cette inutile et fastueuse souscription à laquelle ils donnèrent le nom de *nationale,* nom si souvent profané par eux; les ministres, toujours disposés à d'obséquieux égards envers les libéraux, toujours prêts à descendre avec eux à des explications justificatives, s'empressèrent de proclamer que sur toute la surface du royaume un homme, un seul homme était détenu en vertu de la loi d'exception. C'est leur justification même qui les accuse et les condamne.

Quoi! peut-on leur dire, vous avez suspendu le cours des lois, vous avez exigé, au nom du trône en péril, que les défenseurs naturels des intérêts et des droits de la nation lui enlevassent ses plus précieuses garanties, la soumissent au joug de l'arbitraire, et cette grande immolation n'était pas nécessaire, et le péril du trône n'était qu'un vain prétexte, et il ne s'agissait que de satisfaire votre appétit tyrannique ou que de rassurer votre craintive ambition! Un seul homme, et un homme peu redoutable, a ressenti l'effet de cette loi terrible, qui pouvait seule vous donner la force de combattre une faction active, audacieuse, contre laquelle la justice régulière était impuissante!

La lenteur des formes judiciaires encourageait, disiez-vous, plutôt qu'elle n'effrayait ce parti qui sait si bien calculer l'importance et le prix d'un jour, d'une heure, d'un instant; ce parti qu'on ne peut confondre qu'en le frappant de coups rapides comme ceux de la foudre; et tout ce grand étalage de dangers, et tout cet appareil de mesures défensives n'était qu'une feinte pour obtenir qu'on vous adjugeât le privilége de l'arbitraire!

Répondez, si vous le pouvez, à ce dilemme: Ou le péril n'était pas aussi pressant que vous l'avez représenté, l'ennemi aussi redoutable, la nécessité d'une loi extraordinaire aussi urgente, alors vous avez menti aux Chambres et à la nation: ou, s'il est vrai que l'ennemi fût aux portes, s'il ne restait pas d'autre moyen de salut, si cette loi devait foudroyer les factieux, comment se fait-il que ses éclats n'aient frappé qu'une seule tête? Vous avez donc trahi la confiance et l'espoir de la France, en laissant oisives dans vos mains les armes qu'elle vous avait remises pour le salut des bons et la ruine des méchans. Vous n'oserez pas dire sans doute que c'est précisément parce que vous aviez à votre disposition un pouvoir immense, redoutable, que vous n'avez pas eu l'occasion d'en faire usage, que le seul aspect de vos armes a effrayé l'ennemi, comme la certitude d'un châtiment prompt et rigoureux épouvante et décourage les malfaiteurs.

Votre *candeur* n'ira pas jusque-là. Toute la France, toute l'Europe sait que c'est précisément depuis que vous possédez de puissans moyens de répression, que la faction révolutionnaire a redoublé d'audace, qu'on a vu éclater des complots qui avaient des ramifications sur divers point du royaume; qu'une tentative a été concertée pour enlever, pour égorger peut être un fils de France, qui portait dans les provinces des paroles de paix et d'espérance; que des rassemblemens séditieux ont occasionné des désordres dans plusieurs villes; qu'une révolte a pendant plusieurs jours troublé et alarmé la capitale, et nécessité le déploiement d'une force militaire imposante, et même l'effusion du sang; qu'enfin une conspiration dont les agens subalternes sont entre les mains de la justice, a menacé la vie de toute la famille royale.

Tous ces déplorables évènemens se sont passés sous le régime *préventif* des lois d'exception, qui n'ont rien prévenu. Un seul homme a pu savoir qu'il existait en France une loi suspensive de la liberté individuelle. Vous êtes donc coupables, ou de l'avoir demandée sans raison, ou de n'en avoir pas fait l'usage pour lequel on vous l'avait accordée.

Voyons si vous avez été mieux fondés dans la proposition de la loi de censure, si vous vous êtes montrés plus heureux ou plus habiles dans l'emploi que vous en avez fait. Dans un système bien combiné des libertés politiques légales, elles sont tellement liées entr'elles par une heureuse analogie, que l'exercice de l'une peut, en quelque sorte, suppléer à la privation momentanée de l'autre, ou du moins atténuer beaucoup les inconvéniens et les dangers de cette privation.

La liberté de la presse, par exemple, en signalant les abus que des ministres pourraient faire d'une loi d'exception sur la liberté individuelle, en fournissant un moyen de publicité aux plaintes et aux réclamations des victimes des mesures ministérielles, opposerait une barrière aux excès du pouvoir arbitraire, et contiendrait peut-être quelquefois l'injustice par la crainte de l'opinion.

Les ministres, qui se sentaient incapables de gouverner un peuple jouissant d'une demi-liberté, voulurent nous enlever à la fois les deux droits les plus précieux que la Charte nous eût garantis. Maîtres de nos personnes, ils voulurent encore emprisonner la pensée, en arrêtant son expression, et les censeurs devinrent les auxiliaires des geôliers.

Certes, je tomberais dans une grande inconséquence, si j'accusais le ministère d'avoir eu pour objet, en étouffant la liberté de la presse, d'empêcher qu'elle ne signalât les abus de l'arbitraire dans l'application de la loi sur la liberté individuelle; car je crois avoir suffisamment prouvé que les ministres n'ont point abusé de cette loi. Ils sont absous de ce grief, même par les libéraux, qui ne sont pas embarrassés de trouver un autre emploi des fonds de la souscription nationale.

Lorsque le ministère demanda cette loi, il ne manqua pas d'alléguer la nécessité de mettre un frein à l'audace sacrilége et régicide des écrivains révolutionnaires, de ces sanglans prédicateurs des principes qui renversèrent l'autel, le trône, et firent tomber la tête du Juste couronné.

Beaucoup de royalistes, dont la haine pour les hommes et les doctrines de la révolution n'est pas équivoque, pensèrent que l'on pouvait trouver dans les lois ordinaires bien exécutées, des moyens de répression aussi puissans et plus efficaces, par cela même qu'ils étaient plus légaux.

Telle fut l'opinion que j'exprimai. Les maximes des apôtres de la révolution sont si dangereuses, leurs principes si criminels, leurs vœux et leurs moyens en opposition si formelle avec tous les élémens de l'ordre social, et surtout du gouvernement monarchique, qu'il leur est impossible de s'avancer un peu dans l'exposition et le développement de leurs doctrines, sans se placer sous la main de la loi, sans donner à ses ministres l'occasion de les saisir et de les frapper. De rigoureuses mulctations corporelles et pécuniaires eussent été d'un meilleur effet contr'eux et d'un meilleur exemple pour la société, que des ratures clandestines.

Si l'on m'oppose comme preuve de l'insuffisance des lois ordinaires pour atteindre les coupables, quelques absolutions scandaleuses qui ont été pour eux un sujet de triomphe, et pour leurs complices un motif d'encouragement, je répondrai que le scandale de ces absolutions doit retomber sur les dépositaires du pouvoir.

Sous un gouvernement fort, habile, conséquent, ou, pour n'employer qu'un seul mot, sous un gouvernement juste, car l'idée de justice bien entendue renferme tous les devoirs des gouvernans et tous les droits des gouvernés, toutes les institutions auraient acquis une solidité morale qui eût offert une garantie complète à la société, et fixé les idées des citoyens sur le bien et sur le mal. On n'aurait pas eu à gémir de voir le crime trouver des amis et des protecteurs où il ne devait rencontrer que des juges inflexibles. Partout *les gens du Roi* eussent été dignes de ce nom, qui seul leur trace leurs devoirs; et les jurés eux-mêmes guidés et soutenus par l'esprit général qui eût animé et dirigé toutes les parties de l'administration, n'auraient plus redouté d'écouter plutôt leur conscience qu'une prévoyance timide. Comment veut-on, lorsque le gouvernement, environné de tant de force, recule devant une faction qu'il pourrait écraser, lorsque toutes ses démarches, tous ses actes décèlent la faiblesse, l'irrésolution et la peur, qu'un particulier isolé, sans consistance sociale, brave seul les dangers que n'osent regarder en face les dépositaires du pouvoir! Comment veut-on qu'un simple juré ait plus de courage, de dévoûment et de conscience que les ministres!

Ce sont les ministres eux-mêmes qui lui ont appris à considérer dans l'accusé sur le sort duquel il doit prononcer, le représentant d'une faction puissante qu'il faut craindre et ménager. Le passé lui dit que cette faction est implacable dans ses vengeances; il tremble de s'y exposer. Qui sait si bientôt elle ne lui demandera pas compte du vote qu'il aura émis! qui sait si la proscription, la prison ou la mort, et la ruine de sa famille, ne le puniront pas d'avoir exprimé son intime conviction! Il cherche autour de lui un point d'appui, un exemple; il lève les yeux vers les arbitres de la puissance : partout il voit mollesse et lâcheté. Il cède alors. Il rend à la société, comme une victime honorable de la persécution, le factieux qu'il aurait condamné, si sa conscience n'eût été vaincue par l'effroi de prochaines représailles.

Cette absolution fait en quelque sorte jurisprudence. Le jury du lendemain se demande pourquoi il serait plus sévère, plus consciencieux que le jury de la veille; et c'est ainsi que se renouvelle et se perpétue le scandale de l'impunité, scandale qu'il ne faut imputer qu'à un gouvernement qui, en substituant la doctrine des intérêts à la doctrine des devoirs, a laissé relâcher et corrompre tous le liens de la morale sociale.

Les royalistes avaient donc raison de dire que sous un gouvernement JUSTE, les lois ordinaires auraient suffi à la répression des attentats contre la société, sans le secours des lois d'exception; mais pour des hommes sans courage et sans dignité, l'exercice de l'arbitraire est plus doux et plus facile que celui de la justice.

Ils eussent été d'ailleurs bien ingrats, ces royalistes, s'ils n'eussent défendu la liberté de la presse, qui les avait si bien aidés à se défendre. Qu'on se rappelle à quel morne état d'oppression et d'apathie étaient réduits, en 1818, les royalistes. Un ministère perfide, le ministère qui avait conçu et produit l'ordonnance du 5 septembre, était parvenu à tromper les cabinets de l'Europe sur les sentimens, les vœux et les projets des hommes qui n'étaient coupables que du dévoûment le plus pur, et de la fidélité la mieux éprouvée.....

Les ministres du Roi de France avaient sollicité et obtenu des diplomates étrangers, des billets de contentement pour avoir dispersé la seule assemblée éminemment royaliste que la France ait vue depuis la révolution.

Ces honorables témoignages de satisfaction animèrent nos ministres d'un nouveau zèle à la persécution des royalistes, pour lesquels on inventa un sobriquet ridicule et insignifiant, dont ils ont fait un titre d'honneur en l'adoptant. Les feuilles ministérielles et les écrits libéraux, entre lesquels on remarquait à peine une légère différence, et qui souvent étaient payés par la même caisse, circulaient seuls pour tromper et corrompre l'esprit public. L'opinion royaliste n'avait plus d'organes; elle périssait de langueur, et la monarchie de consomption.

Qui a tiré le royalisme de cette léthargie mortelle où le ministère voudrait le replonger aujourd'hui, sinon les écrivains courageux et incorruptibles qui bravèrent la vengeance, et repoussèrent les dons d'un favori tout puissant? C'est *le Conservateur*, c'est *le Drapeau blanc* qui ont rendu la vie et la force à l'opinion royaliste, qui ont éclairé les aveugles, averti les distraits, ranimé les indolens, encouragé les faibles, réuni les bons, fait sentir à tous leur force, et restauré enfin l'opinion royaliste, c'est-à-dire celle des dix-neuf vingtièmes de la France. L'Europe elle-même a été détrompée; les avertissemens prophétiques publiés dans ces écrits salutaires, et que l'évènement a toujours justifiés, lui ont fait ouvrir les yeux sur ses dangers; et les cabinets des premières puissances sont résolus aux plus vigoureux efforts pour arrêter les conséquences menaçantes de ces mêmes principes, en faveur desquels on avait surpris leur approbation.

Il était bien naturel que les royalistes ne se vissent enlever qu'avec peine une arme qui leur avait valu plus d'un triomphe. Mais tout ce qui ressemble au courage, à l'énergie, est redoutable et odieux au ministère, qui ne veut fonder sa puissance que sur la bassesse et la corruption. Il ne s'en cache pas; il aime mieux une *opinion morte* qu'une opinion fortement prononcée (1). S'il n'a point encore brisé cette arme dans la main des royalistes, il a grand soin de la faire émousser chaque jour par ses censeurs, que leur application à ce travail distrait souvent de la surveillance qu'ils sont chargés d'exercer sur des ennemis qui paraissent au ministère moins redoutables que les royalistes.

Plusieurs pairs, plusieurs députés se souvenaient encore que les ministres avaient dirigé contre les royalistes le pouvoir extraordinaire qui leur avait été confié contre les ennemis de la royauté,

---

(1) Cette profession de foi ministérielle a été faite à l'occasion de l'apathique indifférence qu'ont montrée les autorités de la seconde ville de France, à la nouvelle d'un évènement qui a excité dans tout le royaume des transports de joie. Elles ne s'occupèrent qu'à chercher les moyens de comprimer ce qu'elles appelaient *l'exaltation* du peuple et des soldats. La censure n'a point permis qu'une pareille conduite fût rendue publique, et le ministère l'a autorisée de son approbation.

et ils éprouvaient une forte répugnance à renouveler une épreuve sur les résultats de laquelle ils n'étaient pas rassurés par les *antécédens* des personnages qui demandaient l'investiture de l'arbitraire. Pour les lier du moins par un engagement solennel, dont la publicité devait ajouter à la honte qui leur était réservée, s'ils le trahissaient, on interrogea hautement les ministres sur la direction qu'ils se proposaient de donner à la censure; l'un d'eux répondit à la Chambre des pairs : *La censure sera partiale en faveur des royalistes;* et le lendemain, un autre promit, dans la Chambre des députés, la plus exacte *impartialité*.

Il faut admirer cette unité de principes, cette conformité d'intentions entre deux ministres. Mais si le premier avait hardiment proféré un mensonge, l'autre avait naïvement débité une sottise. *L'impartialité* entre les écrivains qui attaquent tous les principes constitutifs de la société et les écrivains qui les défendent,

l'infortuné monarque. Le lendemain nous répondîmes à ce scandaleux article, qui avait excité une indignation d'autant plus vive, que le fait était dénué de tout fondement ; et la censure, qui avait accueilli le perfide mensonge, refusa d'admettre la réfutation. Les termes énergiques dans lesquels elle était conçue, lui parurent trop forts pour signaler *une faute* dont elle était la complice.

L'étonnement de nos lecteurs cessera, quand ils apprendront qu'une des parties les plus importantes des journaux, celle qui se compose de tous les articles compris sous la rubrique des pays étrangers, est spécialement placée sous la censure d'un commis du ministère des affaires étrangères. Ce diplomate de la rue du Bac a eu l'honneur d'être le précepteur des enfans de Murat ; et c'est aux dépens des royalistes qu'il témoigne son respect et sa reconnaissance pour la mémoire de son ancien patron.

C'est ce même homme qui m'a déclaré

positivement qu'il ne permettrait jamais d'imprimer une seule ligne qui tendît à faire penser que les rois d'Espagne et de Naples eussent cédé à la moindre violence, ou fait le plus léger sacrifice à la peur, en acceptant, en proclamant les manifestes constitutionnels qui les détrônent. Long-temps il nous a tenu parole. Sans doute il a reçu depuis des ordres de se relâcher un peu de sa résolution libérale; mais il nous témoigne encore de temps en temps, par des ratures, la volonté qu'on ne parle qu'en termes révérencieux des cortès de Madrid et du parlement-charbonnier de Naples.

C'est à ce même homme qu'un des rédacteurs de *la Quotidienne* disait : En nous empêchant de traiter, comme ils le méritent, les révolutionnaires d'Espagne et d'Italie, vous voulez donc encourager ceux de Paris à marcher sur les Tuileries, pour forcer le Roi d'arborer la cocarde tricolore? — Eh! monsieur, lui répondit le censeur avec la franchise du dépit ou l'indiscrétion de l'espérance, ce n'est ni votre journal ni vos écrivains qui empêcheront qu'on ne prenne la cocarde qu'on voudra.

Comme en France le ridicule ne perd jamais ses droits, nous avons été plus d'une fois distraits et consolés du préjudice que nous causait la censure, par le divertissement que nous procuraient les censeurs. Rien n'est plus drôle, en effet, que l'importance solennelle de ces mutilateurs-jurés, de ces commis au bureau de castration, qui, parodiant le jeu de leurs maîtres, balancent de l'un et de l'autre côté une bascule en miniature, dont le coup le plus rude tombe toujours à droite.

Les voir n'est rien; il faut les entendre, du ton d'une résignation héroïque, dire qu'en acceptant leurs fonctions et leurs appointemens, ils se sont sacrifiés au bien public et dévoués pour le salut de la France. Comment ne pas éclater de rire au nez de ces Décius à cinq cent francs par mois?

Mais c'est trop arrêter mes lecteurs sur des détails qui seront le sujet d'un petit Mémoire particulier pour servir à l'histoire de la censure. Et d'ailleurs, si elle est hostile contre les royalistes, c'est qu'elle reçoit ses dispositions toutes tracées, et des ordres positifs d'un ministère qui est leur ennemi. Les censeurs sont payés : ils gagnent leur argent. Un autre prix leur est réservé, c'est la haine des libéraux et le mépris des royalistes.

Il me reste à examiner, non pas quel usage le ministère a fait de la troisième loi qu'il a obtenue, puisqu'elle est encore toute neuve, mais comment il s'est préparé à l'exécution de cette loi électorale, qui n'est pas une loi *d'exception*, mais une loi *de circonstance*. On a pu se convaincre, depuis plusieurs mois, que le ministère ne se souciait point de donner à cette loi improvisée plus d'esprit et d'action monarchiques qu'elle n'en comporte intrinsèquement.

Si les ministres, persuadés, comme

tous les bons esprits, qu'aujourd'hui les choses sont presque toutes dans les hommes, eussent voulu obtenir d'une loi fautive, incomplète, d'aussi bons résultats *actuels* que d'une loi irréprochable, ils se fussent ménagé de loin les moyens de diriger vers ce but cette portion d'influence que les administrateurs de la puissance exécutive exerceront toujours sur les élections, et dont le poids est calculé dans la balance des divers pouvoirs constitutionnels. On espérait encore, quoiqu'ils l'eussent promis, que de nombreux changemens auraient lieu parmi ces préfets choisis par le ministre qui avait voulu tout le contraire de ce que les ministres d'aujourd'hui auraient dû vouloir.

Le ministère s'est obstiné à confier l'exécution de la loi nouvelle aux mêmes hommes qui n'avaient dû leur nomination ou la conservation de leur emploi qu'au zèle ardent ou à la docilité empressée qu'ils avaient montrée pour l'ancienne loi qu'on avait détruite comme dangereuse. Cette seconde Charte, qu'on estimait cent fois plus que la première, et devant laquelle ces préfets s'agenouillaient ainsi que devant l'arche sainte, ils devaient désormais la peindre comme une source de désordres et d'anarchie, comme un signal de guerre et de destruction. Le mouvement de conversion était un peu brusque ; mais aujourd'hui, un préfet doit avoir les articulations très-souples (1).

Le ministère a craint, s'il nommait des

---

(1) Cette souplesse des préfets, qui leur permet de prendre sur le champ toutes les attitudes commandées par les instructions ministérielles même les plus contradictoires, rappelle moins plaisamment la lettre naïve de ce bon maire de village à je ne sais quel ministre de l'intérieur : « J'ai reçu la nouvelle Constitution que vous m'avez fait l'honneur de m'envoyer ; je l'ai fait proclamer avec le plus grand empressement, et je mettrai le même zèle à publier toutes celles qu'il vous plaira de m'adresser par la suite. »

préfets royalistes, qu'on ne se trompât sur son vœu, qu'on ne le prît au mot, et qu'on ne lui envoyât des députés de la même opinion que ses préfets. Il a craint, surtout, que ces préfets n'eussent pas cette flexibilité d'intention, cette élasticité de conscience qui est devenue aujourd'hui la première qualité de leur magistrature. Aussi n'a-t-il trouvé rien de plus simple et de plus commode, que de laisser à peu près les choses comme elles étaient. Tout le travail relatif aux préfets s'est borné à quelques permutations. Il a fait voyager plusieurs préfets de l'est à l'ouest, du nord au midi : c'est de sa part une attention délicate dont ils doivent lui savoir gré. Il a voulu épargner à ceux qui s'étaient montrés les plus chauds sectateurs de la loi du 5 février, la petite honte de devenir dans le même lieu, et devant les mêmes témoins, les exécuteurs empressés de la loi nouvelle. Peut-être regrettent-ils que le ministère les ait ainsi privés du mérite qu'ils auraient acquis par le sacrifice aussi prompt qu'éclatant de toute espèce de scrupule.

Il en a été de même de la dislocation des sous-préfets ; et si dans les deux listes on aperçoit à de grands intervalles quelques noms recommandables, il semble que le ministère ait voulu marquer, par la rareté de pareils choix, la proportion dans laquelle est, à ses yeux, l'opinion royaliste en France, ou du moins le degré d'action qu'il lui permet d'exercer.

Quelques honnêtes gens, aussi faciles à persuader qu'à satisfaire, ont cru voir un témoignage de meilleures dispositions et une sorte d'acte de résipiscence dans le choix des présidens des divers colléges électoraux. Il faut avouer que de toutes les opérations ministérielles, c'est la seule où l'on remarque, à défaut de loyauté, une certaine adresse.

On a pensé que l'éclat de quelques noms justement honorés rejaillirait sur tout le reste ; que les services, les talens et la fidélité des uns feraient illusion sur la nullité et la félonie des autres. Mais un moment de réflexion suffit pour reconnaître que cet amalgame indécent de la loyauté et du parjure, de l'honneur et de la vénalité, de l'élévation et de la bassesse, du talent et de la médiocrité, est encore une conséquence et une condition de ce système corrupteur qui tend à confondre le bien et le mal, et à bouleverser tellement l'ordre et la nature des idées, qu'à moins de posséder une grande force d'âme et une grande rectitude d'esprit, dons précieux qui n'appartiennent pas à la multitude, il soit impossible même à l'homme foncièrement honnête de distinguer désormais le sentier de la justice et du devoir.

Qu'on jette les yeux sur cette liste de présidens des colléges, n'y voit-on pas encore de ces noms flétris par des trahisons récentes, et par les honneurs qui en ont été la récompense.

Une observation qui doit aussi frapper les esprits les moins réfléchis, c'est que le ministère n'a nommé des présidens franchement royalistes, que pour les localités où les choix étaient si invariablement déterminés en faveur du côté droit, que rien ne pouvait les changer; que la nomination d'un président animé d'autres intentions que l'immense majorité des électeurs, eût été une ridicule *taquinerie*, signe d'un dépit stérile.

Mais partout où la chance élective est encore douteuse, on a eu grand soin de ne dépêcher que des hommes dont le dévoûment pour le ministère, quel qu'il puisse être, sera toujours sans bornes, mais non sans conditions; des hommes capables de recruter cette clientelle obséquieuse, ce troupeau docile, *cette majorité nomade* que le ministère conduit à son gré, tantôt à droite, tantôt à gauche, partout enfin où elle trouve à paître.

Voilà les députés qui conviennent au ministère, et qu'il tentera de se procurer à tout prix.

Les hommes de talent et de caractère,

les hommes qui, au jour du péril, ont montré de l'énergie, de la résolution, du dévoûment, ne trouveront jamais grâce à ses yeux. Il les déteste, parce qu'il les redoute. Eh! que sait-on en effet : de pareils hommes seraient peut-être capables de sauver et d'affermir le trône sans les ministres, ou malgré eux? C'est ce qu'il importe, avant tout, d'empêcher.

Mais ces esclaves de la faveur, ces courtisans de la fortune, qui ont salué toutes les usurpations; qui, pour se donner, ou plutôt pour se louer au pouvoir, abjurent leur opinion, leur honneur, leur conscience; qui renoncent à tout, excepté au prix qu'ils attendent de ce honteux sacrifice, tels sont les hommes agréables, nécessaires à ceux qui n'ont jamais été ni capables ni dignes de calculer quelles immenses et nobles ressources offrirait à des ministres qu'il estimerait, un pays qui, depuis trente ans, se laisse gouverner par des gens qu'il méprise.

Royalistes, tels sont les hommes que

le ministère ne rougira pas d'offrir aux suffrages comme des hommes sages et modérés. Ce sont eux que, suivant les dispositions connues ou présumées des électeurs, on présentera ici comme des royalistes prudens, là comme des hommes d'un *libéralisme honnête* (1). Rejetez-les avec mépris ; repoussez les insinuations et les candidats du ministère. Le ministère est votre ennemi ; ses insinuations seraient des piéges, ses candidats seraient des traîtres. Réunissez vos voix sur des hommes dont la capacité, le courage et la foi aient été éprouvés : ils sont nombreux et faciles à reconnaître. Honorez de vos choix ces mandataires fidèles, ces députés de 1815, qui avaient commencé la régénération de la France monarchique, et qui l'auraient achevée, si une *restauration* complète n'eût effrayé ceux qui voulaient consacrer et perpétuer la révolu-

---

(1) Ce sont les propres termes d'un préfet, dans une allocution à ses administrés.

tion. Qu'ils reviennent prendre leur place, les membres de cette Chambre qu'on a nommée *introuvable,* et que vos suffrages peuvent aider à faire retrouver. Récompensez par un témoignage éclatant d'estime et de confiance, ces illustres victimes des iniquités, des persécutions d'un ministre protecteur des régicides et allié de leurs amis; ces victimes qui sont encore sous le poids d'une proscription sociale que le ministère actuel se plaît à prolonger.

Surtout, que dans aucune des phases, dans aucune des chances du scrutin, vos voix ne se séparent. Ayez l'opiniâtreté de l'honneur, la tenacité de la vertu. Ne transigez point avec le ministère, forcez-le à venir à vous, par la conviction que vous n'irez point à lui. Qu'une fois enfin la loyauté triomphe de l'intrigue et de la corruption.

Jamais, quoi qu'ait osé dire un infâme calomniateur (1), jamais les royalistes ne

(1) Lisez, si l'indignation et le dégoût ne vous

souilleront leurs bulletins du nom d'un révolutionnaire couvert de sang ou de rapines.

Loin de vous le perfide qui oserait ouvrir ce criminel avis; chassez-le de vos rangs. Restez seuls, s'il le faut, mais ne flétrissez pas la pureté de votre cause par une odieuse alliance. Laissez rechercher encore celle des jacobins aux hommes qui déjà plus d'une fois sont entrés avec eux en négociation.

Comme vos suffrages auront distingué les plus dignes, nommez toujours ceux que vous aurez nommés d'abord. Demeurez neutres dans la lutte entre le ministère et les libéraux; et dans plus d'un collége où l'élection est douteuse, vous finirez par la dominer.

Et lors même que vous n'auriez plus

---

font pas jeter le livre, lisez ce qu'un préfet a osé écrire pour prouver que ce sont les royalistes de l'Isère qui ont nommé député l'*ultra régicide* Grégoire.

espérance de réussir, ne rompez pas vos rangs. Si vos voix doivent être perdues pour le résultat du scrutin, elles ne seront point perdues pour votre conscience et pour l'estime publique. Vous aurez pratiqué cette vieille maxime de l'honneur français, cette maxime qui renferme souvent, avec la règle du devoir, le gage du succès : FAIS CE QUE DOIS, ADVIENNE QUE POURRA.

A. MARTAINVILLE.

Article entièrement supprimé par la censure, et qui devait être inséré dans le Drapeau blanc *du* 13 *octobre* 1820.

Cette question si long-temps douteuse, et sur laquelle se partageaient les conjectures et les vœux, est donc résolue : la Chambre des députés ne sera point dissoute; on ne livrera pas au péril d'une épreuve complète la loi improvisée au milieu d'une discussion tumultueuse; on ne veut en essayer que la partie qui offre le moins de chances dangereuses. Les grands colléges seront seuls convoqués partout, et ce n'est que dans les départemens indiqués par l'ancien ordre de série que la députation sera renouvelée entièrement.

Le ministère, long-temps indécis, n'a peut-être été déterminé que par l'espoir et le vœu indiscrètement prononcé du parti qu'il doit craindre. Les libéraux souhaitaient le renouvellement intégral, parce qu'ils sentent que les influences électorales créées par la funeste loi du 5 février, existent encore dans toute leur force, et qu'ils espéraient, s'ils obtenaient l'avantage dans la majorité des élections, faire passer pour l'expression de la volonté nationale le résultat d'une loi réprouvée par la nation, et qui n'avait été faite que dans l'intérêt d'un parti.

En supposant même que leur triomphe n'eût pas été aussi complet qu'ils s'en flattaient, leur calcul n'en était pas moins juste, et ils avaient un intérêt bien réel à proposer un combat prompt et décisif sur un terrain qu'ils connaissent, qu'ils ont choisi, mais d'où ils prévoyent toutefois qu'ils peuvent être chassés sans qu'il soit besoin de hasarder contre eux une bataille rangée.

Toute imparfaite que puisse paraître la nouvelle loi des élections, on ne peut nier, en la considérant seulement comme une transition du mal au bien, comme un acheminement à un système électoral conforme à la nature d'une monarchie, qu'elle ne tende à diminuer *un peu* la force des ennemis de la légitimité.

Si le ministère, éclairé par des fautes récentes, dont la conséquence a été de faire dépendre l'adoption ou le rejet des lois les plus importantes, et l'on peut dire presque le sort de l'Etat, d'une majorité de deux ou trois voix, renonce franchement à former, à soutenir un tiers parti dans les élections; si, faisant un noble usage de l'influence que la nature même du gouvernement représentatif lui laisse dans les colléges, il sent qu'il est plus utile et plus honorable pour lui de l'employer à faciliter une nomination qu'à l'empêcher, manœuvre qui décèle l'impuissance et le dépit ; s'il veut enfin revenir aux royalistes ou rappeler les royalistes à lui, on peut regarder comme certain que dans presque tous les colléges de département les choix tomberont sur des hommes dont la réunion au côté droit et au centre qui s'y rallie, assurera au ministère une immense majorité pour toutes les lois qu'il présentera dans le véritable intérêt de la monarchie.

Mais si, contre notre désir et notre espérance, le ministère, cédant à de vaines craintes, ou dominé par une fausse honte, s'obstinait à suivre des traces qu'il doit éviter ; si, par des instructions secrètes, qui sont bientôt publiques, ou par une direction équivoque des voix dont il dispose, il semblait annoncer qu'il redoute encore les royalistes éprouvés par leur dévoûment énergique dans les jours du péril ; s'il semait enfin la désunion et la méfiance parmi les hommes faits pour se rapprocher et s'entendre, à qui faudrait-il imputer l'avantage que pourrait obtenir une petite minorité bien unie, bien dirigée, contre une majorité considérable, mais divisée par ceux-là même qui devraient en resserrer le faisceau ? Qui serait coupable alors, qui serait responsable aux yeux de toute l'Europe du triomphe de l'ennemi commun ?

On flatterait le ministère d'une fausse espérance, si on lui faisait entendre qu'à défaut des royalistes *prononcés* auxquels il aurait donné l'exclusion, les électeurs royalistes se rabattraient sur les candidats intermédiaires qui seraient mis en avant sous le nom ridicule de *choix conciliateurs*. Non : ces candidats seraient repoussés, et les voix, dussent-elles être perdues, ne se fixeraient que sur des hommes offrant une garantie entière.

Les royalistes le déclarent : le plus beau jour de leur vie sera celui où ils pourront tous se proclamer ministériels, parce qu'alors il deviendra évident que les ministres sont royalistes, et veulent les royalistes, sans réserve et sans arrière-pensée ; mais jamais la France monarchique ne consentira à se faire représenter par les hommes que naguère encore on appelait *ministériels*, et dont on peut apprécier aujourd'hui les véritables sentimens.

FIN.

www.ingramcontent.com/pod-product-compliance
Lightning Source LLC
LaVergne TN
LVHW010034230826
846091LV00005B/1696

* 9 7 8 2 0 1 1 7 5 3 6 3 2 *